6 novembre 95.
Pour que tu restes
telle que je te connais
I.H.

RÉVOLTÉ

 - Dépot légal 1er semestre 1995 - N° d'édition 10 768 - ISBN 2 226 07073 7

Collection dirigée par Marc de Smedt et Michel Piquemal

PAROLES DE RÉVOLTE

recueillies et présentées par Michel Piquemal

Images de Nicolas d'Olce

ALBIN MICHEL

L'Histoire est une longue suite de révoltes, individuelles ou collectives. De Jésus-Christ chassant les marchands du Temple à Spartacus menant son peuple d'esclaves sur la Rome des riches, de Gandhi dénonçant par la non-violence le scandale de la colonisation à Jan Palach se suicidant par le feu pour alerter la conscience du monde... Révolte de la Commune, Révolte des Camisards, Révolte des « nègres marrons », Révolte de Mai 68... Révolte philosophique de l'homme contre l'absurde de sa condition ou colère de l'individu contre l'injustice, la misère et l'oppression sociale.

Toujours l'Homme se dresse pour refuser l'insoutenable. Et les mots jaillissent de sa bouche, durs et beaux comme des cris. La colère se fait chant, la révolte se fait verbe... Et c'est Rimbaud, Maïakovski, Artaud, Jules Vallès ou Walt Whitman, prêtant leur souffle à cet éternel refus d'accepter un monde inhumain. Que serait l'homme sans cette petite lumière, que serait-il sans cette conscience, cette saine fureur qui lui fait redresser la tête, dire non, même au péril de sa vie ?... dût-il être banni comme Hugo, condamné à mort comme Vallès ou périr comme Giordano Bruno !

La vie et le monde s'acharnent à nous rogner les ailes, mais c'est notre devoir absolu de nous efforcer en retour de les étendre, le plus large possible. Je dis non, je refuse, j'accuse, je mets en doute... je me révolte donc je suis.

Mais aujourd'hui, qu'en est-il de la révolte, dans un Occident qui semble s'essouffler, gagné par la lassitude, dépassé par l'ampleur de ses problèmes ? La révolte aurait-elle sombré, emportée par la grande vague de la fin des idéologies ? Ne nous y fions pas car la belle est coriace. On n'a pas sa peau aussi facilement. Toujours la révolte couve, au sein de la jeunesse dont elle reste éternellement la fiancée de cœur. Pareille au Phénix, elle renaît de ses cendres pour échauffer le sang des jeunes générations. C'est donc aux adolescents que sont dédiées avant tout ces *Paroles de Révolte* car, selon la formule d'Alain, « l'individu qui pense contre la société qui dort, voilà l'histoire éternelle, et le printemps aura toujours le même hiver à vaincre ».

Michel Piquemal

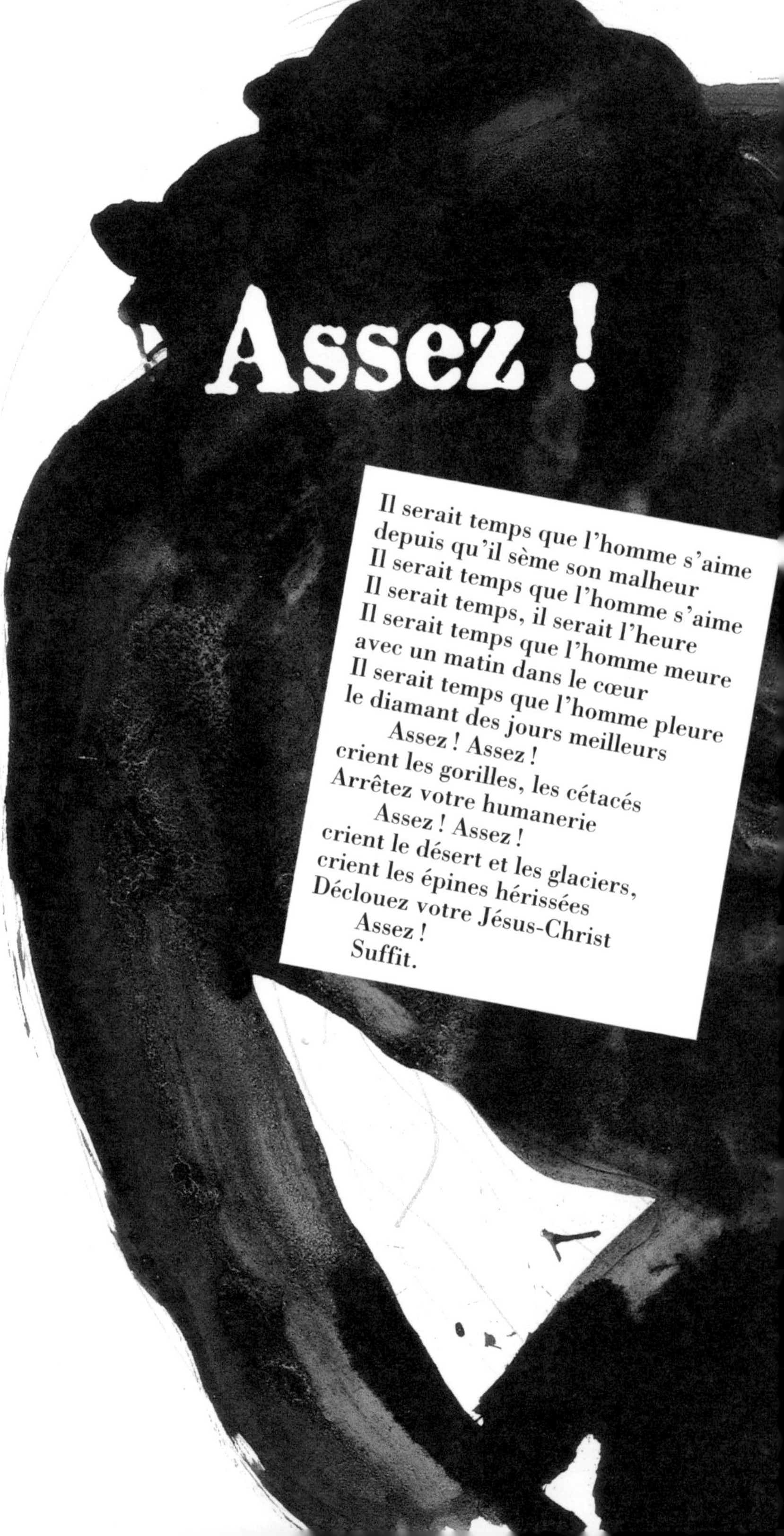

Assez !

Il serait temps que l'homme s'aime
depuis qu'il sème son malheur
Il serait temps que l'homme s'aime
Il serait temps, il serait l'heure
Il serait temps que l'homme meure
avec un matin dans le cœur
Il serait temps que l'homme pleure
le diamant des jours meilleurs
Assez ! Assez !
crient les gorilles, les cétacés
Arrêtez votre humanerie
Assez ! Assez !
crient le désert et les glaciers,
crient les épines hérissées
Déclouez votre Jésus-Christ
Assez !
Suffit.

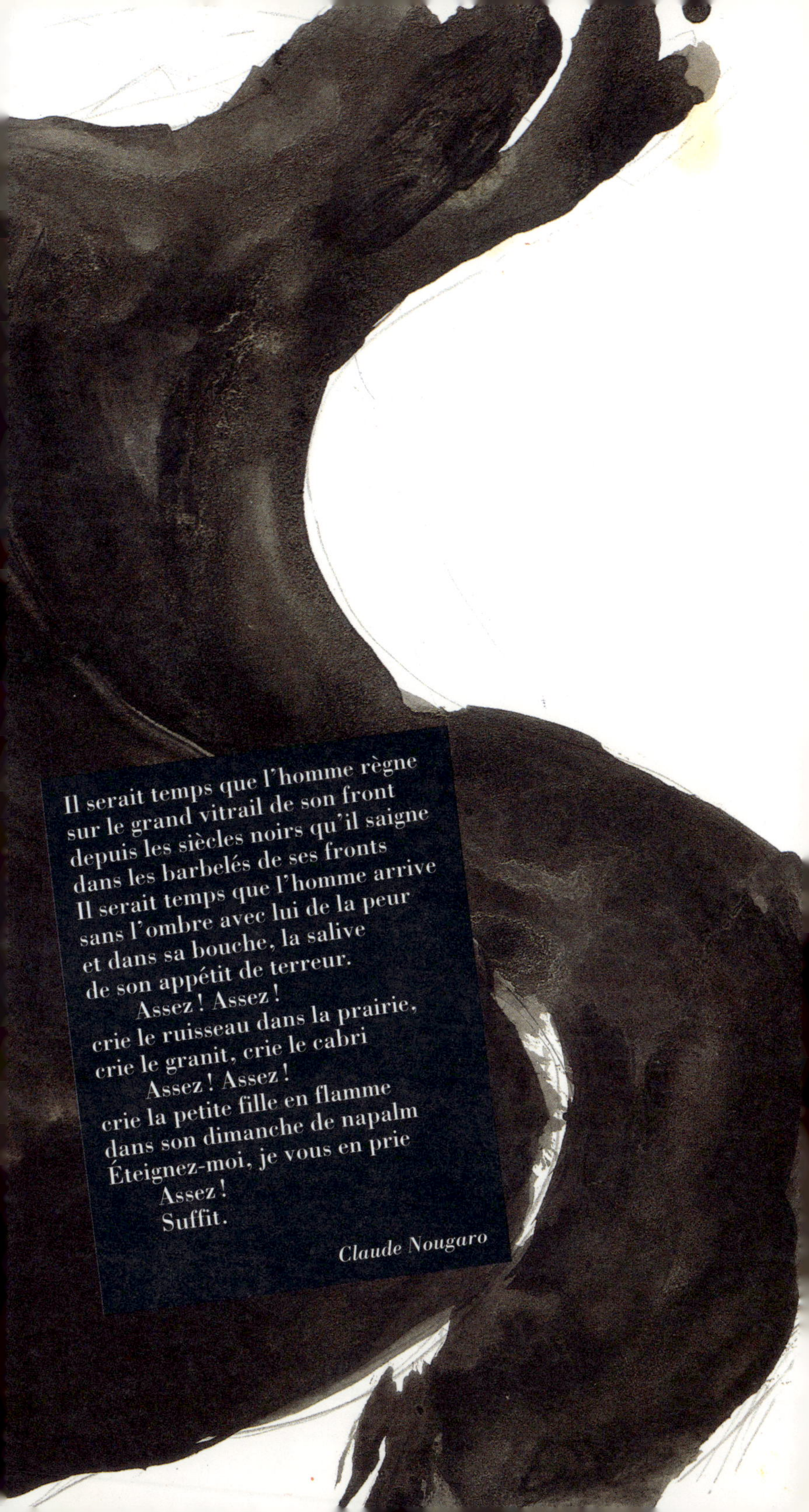

Il serait temps que l'homme règne
sur le grand vitrail de son front
depuis les siècles noirs qu'il saigne
dans les barbelés de ses fronts
Il serait temps que l'homme arrive
sans l'ombre avec lui de la peur
et dans sa bouche, la salive
de son appétit de terreur.
Assez ! Assez !
crie le ruisseau dans la prairie,
crie le granit, crie le cabri
Assez ! Assez !
crie la petite fille en flamme
dans son dimanche de napalm
Éteignez-moi, je vous en prie
Assez !
Suffit.

Claude Nougaro

Aux États-Unis

« Résistez beaucoup, obéissez peu ».
Dès que vous cesserez de mettre en question
la soumission, vous serez complètement asservis,
Et une fois complètement asservis, aucune nation, aucun état,
aucune ville, ne peut jamais plus ensuite recouvrer la liberté.

Walt Whitman

Qu'importe que ce soit un sabre,
un goupillon ou un parapluie
qui vous gouverne !
C'est toujours un bâton,
et je m'étonne que des hommes
de progrès en soient à disputer
sur le choix du gourdin
qui leur doit chatouiller l'épaule,
tandis qu'il serait beaucoup plus
progressif et moins dispendieux
de le casser et d'en jeter
les morceaux à tous les diables.

Théophile Gautier

Le monde ne sera sauvé,
s'il peut l'être, que par des insoumis.
Sans eux, c'en est fait de notre civilisation,
de notre culture, de ce que nous aimions
et qui donnait à notre présence sur terre
une justification secrète. Ils sont,
ces insoumis, « le sel de la terre »,
et les responsables de Dieu.

André Gide

Quand ils sont venus
        chercher les communistes
Je n'ai rien dit
Je n'étais pas communiste

Quand ils sont venus
        chercher les syndicalistes
Je n'ai rien dit
Je n'étais pas syndicaliste

Quand ils sont venus
        chercher les juifs
Je n'ai rien dit
Je n'étais pas juif

Quand ils sont venus
        chercher les catholiques
Je n'ai rien dit
Je n'étais pas catholique

Puis ils sont venus me chercher
Et il ne restait plus personne
pour dire quelque chose.

Louis Needermeyer

Si même…

Si même il ne restait qu'un écriteau sur terre :
« défense de pêcher car c'est notre rivière » :
nous serions révolutionnaires.

Si même il ne restait qu'un prince sur la terre,
qu'un prince et sa couronne et son divin mystère,
nous serions révolutionnaires.

Si même il ne restait, aux confins de la terre,
qu'un douanier gardant un mètre de frontière,
nous serions révolutionnaires.

Si même il ne restait qu'un canon sur la terre,
rien qu'un canon et rien qu'un dernier jour de guerre,
nous serions révolutionnaires.

Si même il ne restait qu'un bagne sur la terre,
qu'une seule catin, qu'une seule misère,
nous serions révolutionnaires.

Et s'il ne restait sur la terre,
Sur terre, parmi nous enfin
qu'un prolétaire avec sa faim,
nous serions révolutionnaires.

Robert Ganzo

Seigneur, je rentre fatigué, seul et très morne…
Ma chambre est nue comme un tombeau…

Seigneur, je suis tout seul et j'ai la fièvre…
Mon lit est froid comme un cercueil…

Seigneur, je ferme les yeux et je claque des dents…
Je suis trop seul. J'ai froid. Je vous appelle…

Cent mille toupies tournoient devant mes yeux…
Non, cent mille femmes… Non, cent mille violoncelles…

Je pense, Seigneur, à mes heures malheureuses…
Je pense, Seigneur, à mes heures en allées…

Je ne pense plus à Vous. Je ne pense plus à Vous.

Blaise Cendrars

Être gouverné, c'est être gardé à vue, inspecté, espionné, dirigé, légiféré, réglementé, parqué, endoctriné, prêché, contrôlé, estimé, apprécié, censuré, commandé, par des êtres qui n'ont ni le titre, ni la science, ni la vertu (...). Être gouverné, c'est être à chaque opération, à chaque transaction, à chaque mouvement, noté, enregistré, recensé, tarifé, timbré, toisé, coté, cotisé, patenté, licencié, autorisé, apostillé, admonesté, empêché, réformé, redressé, corrigé. C'est, sous prétexte d'utilité publique, et au nom de l'intérêt général, être mis à contribution, exercé, rançonné, exploité, monopolisé, concussionné, pressuré, mystifié, volé ; puis, à la moindre résistance, au premier mot de la plainte, réprimé, amendé, vilipendé, vexé, traqué, houspillé, assommé, désarmé, garotté, emprisonné, fusillé, mitraillé, jugé, condamné, déporté, sacrifié, vendu, trahi, et pour comble, joué, berné, outragé, déshonoré. Voilà le gouvernement, voilà sa justice, voilà sa morale ! (...) Ô personnalité humaine ! Se peut-il que pendant soixante siècles tu aies croupi dans cette abjection ?

Pierre Joseph Proudhon

Moi

Seul sur la terre, je suis le vagabond
révolté
Si chacun a son coin de terre sur la terre
j'affirme quant à moi que la terre m'appartient

Ni mère ni frère
Je me promène
front haut et libre
Et demain si je meurs
pas un ami
ne viendra suivre en pleurs
le maudit.

Je ne sens dans mon cœur ni bonheur
ni malheur
nulle indulgence pour moi nulle amitié
pour d'autres
Mais je m'en vais, de ci de là,
détaché seul à la poursuite
d'une ombre…

Nazim Hikmet

La plus drôle des créatures

Comme le scorpion, mon frère,
Tu es comme le scorpion
Dans une nuit d'épouvante.
Comme le moineau, mon frère,
Tu es comme le moineau
Dans ses menues inquiétudes.
Comme la moule, mon frère,
Tu es comme la moule
Enfermée et tranquille.
Tu es terrible, mon frère,
Comme la bouche d'un volcan éteint.
Et tu n'es pas un, hélas,
Tu n'es pas cinq,
Tu es des millions.

Tu es comme le mouton, mon frère,
Quand le bourreau habillé de ta peau
Quand le bourreau lève son bâton
Tu te hâtes de rentrer dans le troupeau
Et tu vas à l'abattoir en courant, presque fier.
Tu es la plus drôle des créatures en somme,
Plus drôle que le poisson
Qui vit dans la mer sans savoir la mer.
Et s'il y a tant de misères sur terre
C'est grâce à toi, mon frère,
Si nous sommes affamés, épuisés,
Si nous sommes écorchés jusqu'au sang,
Pressés comme la grappe pour donner notre vin,
Irais-je jusqu'à dire que c'est de ta faute, non,
Mais tu y es pour beaucoup, mon frère.

Nazim Hikmet

*L*es hommes nous enseignent à penser comme des poules, et nous nous croyons véritablement des poules, bien que nous soyons des aigles. Étendez vos ailes et envolez-vous ! Et ne vous contentez jamais des grains que l'on vous jette.

James Aggrey

Prologue

Votre pensée
qui rêvasse sur un cerveau ramolli
comme un laquais trop gras sur une banquette sale,
je vais la provoquer avec le chiffon ensanglanté du cœur
et je me *dériserai* tout mon saoûl, impudent et mordant.

Je n'ai pas dans l'âme un seul cheveu gris,
non plus que de tendresse sénile !
Entonnerrant le monde par la puissance de ma voix,
je marche dans la beauté
de mes vingt-deux ans.

Vladimir Maïakovski

Quiconque trouve du plaisir à marcher en rangs serrés au son de la musique est pour moi, d'emblée, un objet de mépris ; il n'a reçu son cerveau que par mégarde puisque la moelle épinière lui aurait amplement suffi. Cette honte de la civilisation devrait être supprimée aussi vite que possible. Héroïsme sur commande, violence insensée, chauvinisme pénible, comme je les hais ardemment, comme la guerre me paraît basse et méprisable ; je préférerais me laisser couper en morceaux que de participer à des agissements aussi misérables.

Albert Einstein

J'avais faim et vous faisiez le tour de la Lune.
J'avais faim et vous m'avez dit d'attendre.
J'avais faim et vous avez créé une commission.
J'avais faim et vous parliez d'autre chose.

J'avais faim
et vous m'avez dit :
« Il n'y a pas de raison. »
J'avais **faim**
et vous aviez des factures de napalm à payer.
J'avais faim et vous m'avez dit :
« Maintenant des machines font ce genre de travail. »
J'avais faim et vous avez dit :
« La loi et l'ordre avant tout. »
J'avais faim et vous avez dit :
« Il y a toujours des pauvres. »
J'avais faim et vous avez dit :
« C'est la faute des communistes. »
J'avais faim et vous avez dit :
« Mes ancêtres avaient faim aussi. »
J'avais faim et vous avez dit :
« Après trente-cinq ans, on n'embauche plus. »
J'avais faim et vous avez dit :
« Dieu leur vienne en aide. »
J'avais faim et vous avez dit :
« Désolé, repassez demain. »

Anonyme

Malheur à vous,
scribes et pharisiens hypocrites !
parce que vous nettoyez
le dehors de la coupe et du plat,
et qu'au dedans
ils sont pleins de rapine
et d'intempérance.
Pharisien aveugle !
nettoie premièrement
l'intérieur de la coupe
et du plat, afin que l'extérieur
aussi devienne net.
Malheur à vous,
scribes et pharisiens hypocrites !
parce que vous ressemblez
à des sépulcres blanchis,
qui paraissent beaux au dehors,
et qui, au dedans,
sont pleins d'ossements de morts
et de toute espèce d'impuretés.
Vous de même, au dehors,
vous paraissez justes aux hommes,
mais, au dedans,
vous êtes pleins d'hypocrisie et d'iniquité.

Jésus de Nazareth
(Évangile selon St Matthieu)

Quartier libre

J'ai mis mon képi dans la cage
et je suis sorti avec l'oiseau sur la tête
Alors
on ne salue plus
a demandé le commandant
Non
on ne salue plus
a répondu l'oiseau
Ah bon
excusez-moi je croyais qu'on saluait
a dit le commandant
Vous êtes tout excusé tout le monde peut se tromper
a dit l'oiseau.

Jacques Prévert

La civilisation moderne, voilà l'ennemi. C'est l'ère de la caricature,
le triomphe de l'artifice. Une tentative pour remplacer l'homme
en chair et en os par l'homme robot. Tout est falsifié, pollué, truqué,
toute la nature dénaturée. Voyez ces paysages métallurgiques,
l'atmosphère des villes corrompue (les poumons couleur de Louvre),
les airs et leurs oiseaux empestés d'insecticides, les poissons
empoisonnés jusqu'au fond des océans par les déchets nucléaires,
partout la levée des substances cancérigènes, la vitesse hallucinante,
le tintamarre infernal, le grand affolement des nerfs,
des cœurs, des âmes, à la chaîne, à la chaîne vous dis-je…
Telle est la vie industrielle, la vie atomique.
Le grand crime de l'homme moderne !
Oui ceci n'est qu'un cri : Au feu ! Au fou !
À l'**assassin** !
(…)
Ils appellent ça le progrès.
Mais entre l'hippopotame dans son marigot,
le lézard au soleil et l'homme
au fond de sa mine, où est le progrès ?
Il s'agit de faire front, de retrouver terre,
de redevenir des sauvages, vierges de sens
et d'esprit comme au premier matin…

Joseph Delteil

u235

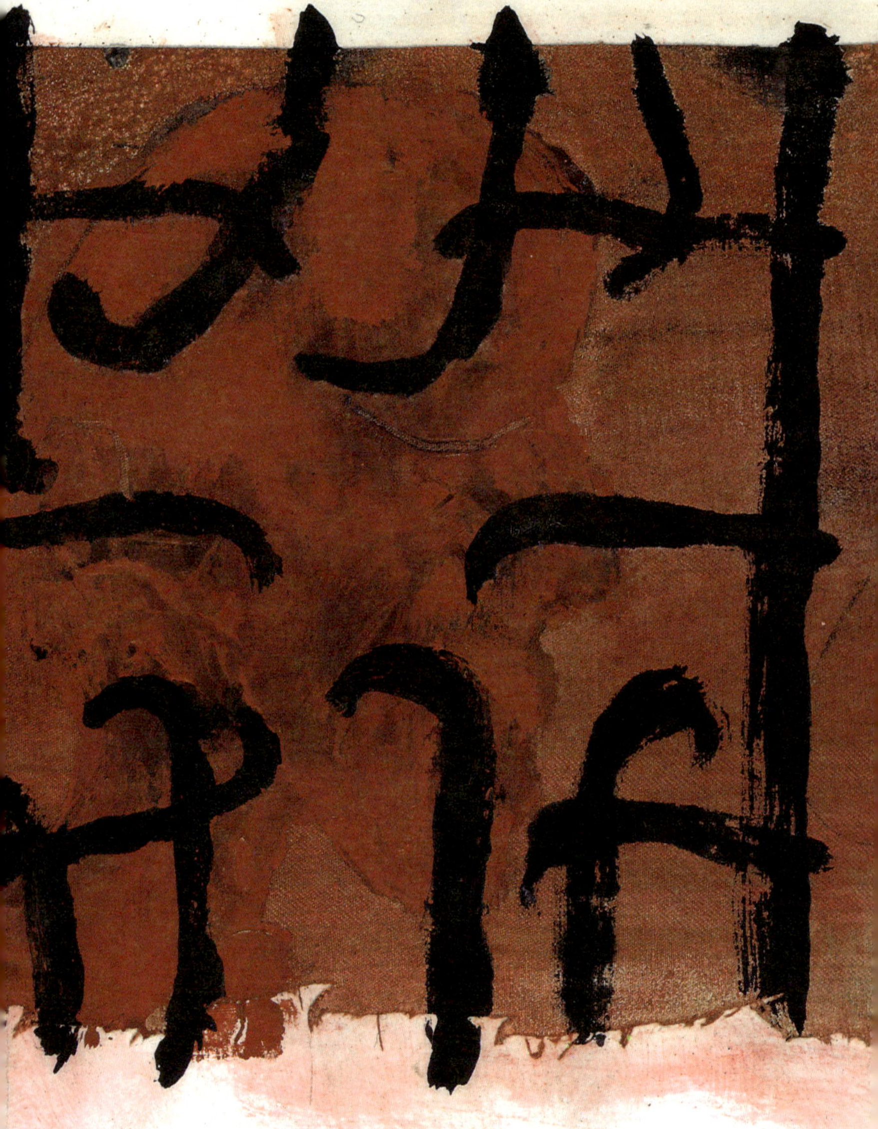

Ma bouche sera la bouche des malheurs

qui n'ont point de bouche,

ma voix, la liberté de celles

qui s'affaissent au cachot du désespoir.

Aimé Césaire

Ils sont venus te chercher

Un jour
ils sont venus te chercher
toi aussi
ils ne pouvaient pas te pardonner
d'être la compagne
du poète insoumis
d'aimer un paria
et de le soutenir de ta propre résistance
Tu connus
la nuit du bandeau
le souterrain de la Question
tu entendis ces voix
d'outre-humanité
tonitruant menaces et sarcasmes
tu sentis devant toi
ces loques d'hommes (Ô si peu hommes)
que tu savais tortionnaires et assassins
tu sentis près de toi
d'autres hommes (un peu plus qu'hommes ordinaires)
striés d'électrodes et de fouet
mais le cœur intact
Voilà
il n'y a plus rien à te cacher
des multiples contrastes
du pays du soleil
et puis
tu me revins
tu étais un peu pâle, amaigrie
mais dans tes yeux
il y avait une grande tache incandescente
où se noyait un petit grain d'inquiétude
Et quand tu es partie
et que la nuit enleva
les couches superficielles de ma fureur
j'ai pris une lettre
pour t'écrire
et j'ai détaché du vif de ma chair
le cri le plus vigoureux de ma fraternité

Abdellatif Laabi

La révolte est une semence qui fructifie non seulement le domaine des révoltés, mais le sol du pays tout entier.

Menahem Begin

LA RÉVOLTE SEULE EST CRÉATRICE DE LUMIÈRE.

André Breton

C'est dans l'accusation de la vie que se trouve la dignité fondamentale de la pensée, et toute pensée qui justifie réellement l'univers s'avilit dès qu'elle est autre chose qu'un espoir.

André Malraux

Je me révolte donc nous sommes.

Albert Camus

Le révolté, au sens étymologique, fait volte-face.
Il marchait sous le fouet du maître. Le voilà qui fait face.
Il oppose ce qui est préférable à ce qui ne l'est pas.
Toute valeur n'entraîne pas la révolte, mais tout
mouvement de révolte invoque tacitement une valeur.

Albert Camus

Travailler maintenant, **jamais**, jamais ; je suis en grève.
Maintenant, je m'encrapule le plus possible. Pourquoi ? Je veux être poète, et je travaille à me rendre *voyant* : vous ne comprenez pas du tout, et je ne saurais presque vous expliquer. Il s'agit d'arriver à l'inconnu par le dérèglement *de tous les sens*. Les souffrances sont énormes, mais il faut être fort, être né poète, et je me suis reconnu poète. Ce n'est pas du tout ma faute. C'est faux de dire : je pense. On devrait dire : On me pense. Pardon du jeu de mots. JE est un autre.

Arthur Rimbaud

JE

Nous sourions du dedans.
Ce sourire nous le cachons maintenant.
Illégal, le sourire
– comme illégal est devenu le soleil,
illégale, la vérité.
Nous cachons notre sourire comme nous cachons
dans notre poche la photo de notre bien-aimée
comme nous cachons l'idée de la liberté dans les plis
de notre cœur.
Tous, ici-bas, nous avons un seul ciel et le même sourire.
Demain, peut-être prendront-ils nos vies.
Ce sourire et ce ciel, ils ne peuvent pas nous les prendre.

Yannis Ritsos

CARRÉS ET ANGLES

Maisons alignées, maisons alignées
maisons alignées.
Carrés, carrés, carrés.
Maisons alignées.
Les gens ont maintenant l'âme carrée,
les idées en rang,
et un angle sur le dos.
Moi-même j'ai versé hier une larme,
mon Dieu, carrée.

Alfonsina Storni

Lettre aux recteurs des universités européennes

Monsieur le Recteur,
Dans la citerne étroite que vous appelez « Pensée »,
les rayons spirituels pourrissent comme de la paille...
... Mais la race des prophètes s'est éteinte. L'Europe
se cristallise, se momifie lentement sous les bandelettes
de ses frontières, de ses usines, de ses tribunaux,
de ses universités. L'Esprit gelé craque entre les cris minéraux
qui se resserrent sur lui. La faute en est à vous, Recteurs,
pris au filet des syllogismes. Vous fabriquez des ingénieurs,
des magistrats, des médecins à qui échappent les vrais mystères
du corps, les lois cosmiques de l'être, de faux savants aveugles
dans l'outre-terre, des philosophes qui prétendent
à reconstruire l'Esprit. Le plus petit acte de création spontanée
est un monde plus complexe et plus révélateur
qu'une quelconque métaphysique.
Laissez-nous donc, Messieurs, vous n'êtes que des usurpateurs.
De quel droit prétendez-vous canaliser l'intelligence,
décerner des brevets de l'Esprit ?
Vous ne savez rien de l'Esprit. Vous ignorez ses ramifications
les plus cachées et les plus essentielles, ces empreintes fossiles
si proches des sources de nous-mêmes, ces traces
que nous parvenons parfois à relever sur les gisements
les plus obscurs de nos cerveaux.
Au nom même de votre logique, nous vous disons :
La vie pue, Messieurs. Regardez un instant vos faces,
considérez vos produits. À travers le crible de vos diplômes,
passe une jeunesse efflanquée, perdue. Vous êtes la plaie
d'un monde, Messieurs, et c'est tant mieux pour ce monde, mais
qu'il se pense un peu moins à la tête de l'humanité.

Antonin Artaud

Mr le Recteur

Une seule misère suffit
à condamner une société.
Il suffit qu'un seul homme soit tenu,
ou sciemment laissé dans la misère
pour que le pacte civique
tout entier soit nul.
Aussi longtemps qu'il y a un homme dehors,
la porte qui lui est fermée au nez
ferme une cité d'injustice
et de haine.

Charles Péguy

UN JOUR FUTUR

(...)
Regardez-le l'enfant
qui se dresse et qui dit
je ne connaissais pas
la beauté des colères
je veux faire tomber
ce vieux monde en poussière
l'avenir, l'avenir
ne sera pas maudit

Un jour futur
puis des millions de jours
j'avancerai parmi des millions
d'hommes
brisant les murs
de ce siècle trop lourd
croquant l'amour
comme la rouge pomme.

Henri Gougaud
Musique de Jean Ferrat

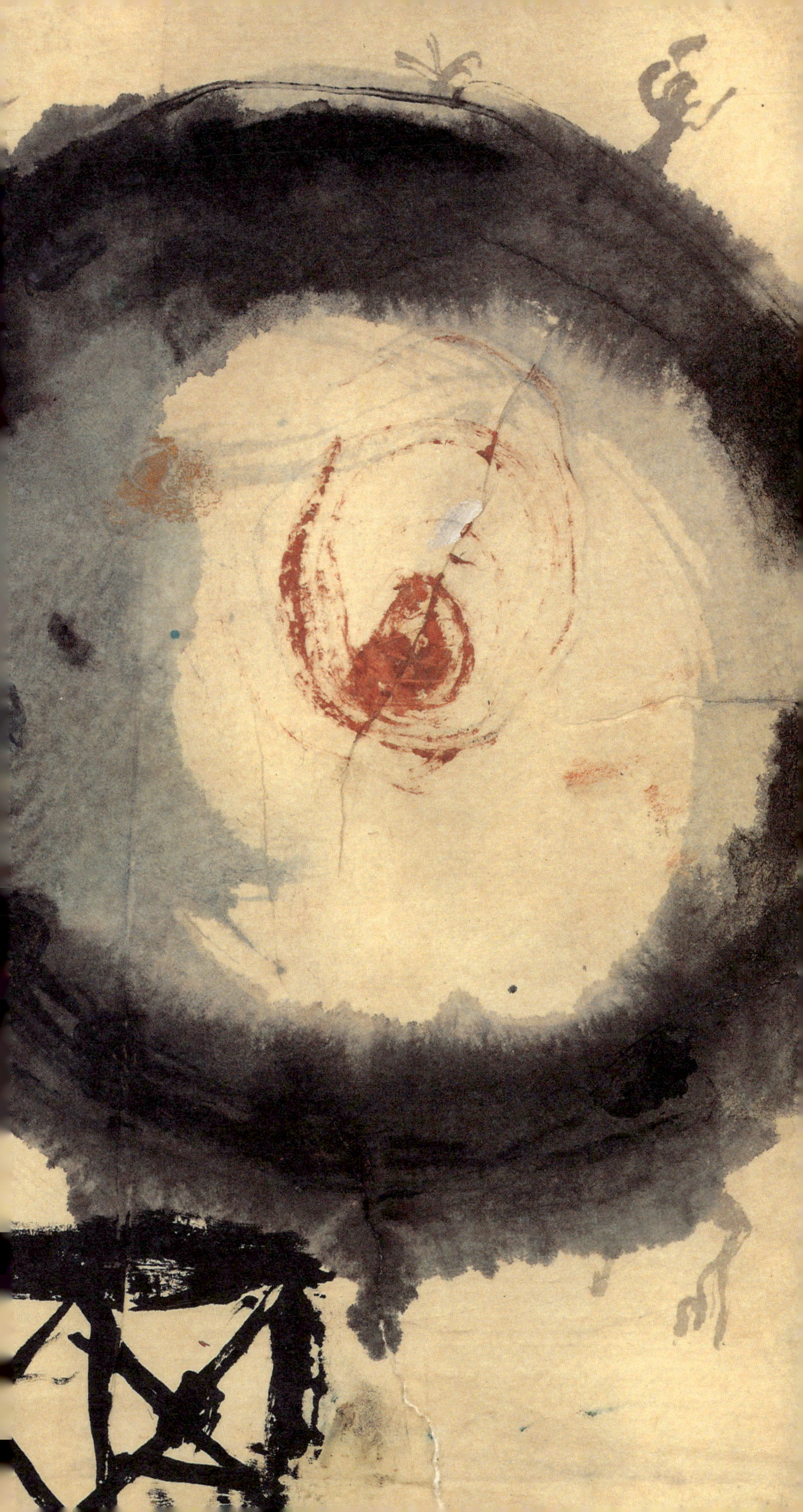

Sources des textes

. **Claude Nougaro**, « Assez ! », Éditions du Chiffre neuf.
. **Walt Whitman**, « Aux États-Unis », *Feuilles d'herbe*, Trad. Roger Asselineau, Aubier, 1989.
. **Théophile Gautier**, Préface à *Mademoiselle de Maupin*, 1835.
. **Louis Needermeyer** (Dachau, 1942).
. **Robert Ganzo**, « Si même », *Tracts*, Aubier.
. **Blaise Cendrars**, « Les Pâques à New York », *Poésies complètes*, Denoël.
. **Pierre Joseph Proudhon**, *Œuvres complètes*, Slatkine, 1982.
. **Nazim Hikmet**, « Moi », *Quatre hommes*, Trad. Fikret Adil, Les Cahiers du Sud n° 176, 1935.
. **Nazim Hikmet**, « La plus drôle des créatures », Trad. Hasah Gureh, Éditeurs Français Réunis, 1951. Texte chanté par Yves Montand (Philips).
. **James Aggrey** (écrivain ghanéen), *L'Aigle*.
. **Vladimir Maïakovski**, « Prologue », *Poèmes 1913-1917*, Trad. Claude Frioux, Messidor.
. **Texte anonyme** publié dans un bulletin protestant américain en 1976.
. **Jésus de Nazareth**, *Évangile selon Saint-Matthieu 23, 25-28.*
. **Jacques Prévert**, « Quartier libre », *Paroles*, Gallimard, 1945.
. **Joseph Delteil**, *La Cuisine paléolithique*, Arléa, 1990.
. **Aimé Césaire**, *Cahier d'un retour au pays natal*, Présence africaine, 1971.
. **Abdellatif Laabi**, « Ils sont venus te chercher », *Sous le bâillon, le poème*, L'Harmattan, 1981.
. **Albert Camus**, *L'Homme révolté*, Gallimard, 1951.
. **Arthur Rimbaud**, « Lettre au Professeur Georges Izambard le 13 mai 1971 ».
. **Yannis Ritsos**, « La marmite enfumée », Trad. Jean-Louis Carpe, extrait publié dans *Poésie 1*, n° 76/78, juillet-août 1980.
. **Alfonsina Storni** (Argentine née en 1892, citée dans BT n°44, L'École moderne.
. **Antonin Artaud**, « Lettre aux recteurs des universités européennes », 1925.
. **Charles Péguy**, *De Jean Coste*, Gallimard, 1937.
. **Henri Gougaud** - Musique : **Jean Ferrat**, © 1969 by Productions Alleluia, 10 rue Saint-Florentin, 75001 Paris.

Imprimé en France par Pollina, 85400 Luçon - n° 66621 - B

RÉVOLTE